ZHUANGZI BIOGRAPHY

庄子传

中国历史名人传记

QING QING JIANG

江清清

PREFACE

I am excited to welcome you to the Chinese Biography series. In this series, we will discover lives of some of the most famous people from Chinese history. Each book will introduce a famous Chinese personality whose contributions were immense to shape China's future. The books in Biography series contain numerous lessons in Mandarin Chinese. We start with a brief introduction of the book in the preface (前言), a bit detailed introduction to the person, and continue to dig his life and relevant issues. Each book contains 6 to 10 chapters made of simple Chinese sentences. For the readers' convenience, a comprehensive vocabulary has been provided at the beginning of each chapter. The pinyin for the Chinese text is provided after the main text. Further, to enforce a deeper Chinese learning, the English interpretation of the Chinese text has been purposely excluded from the books. This would help the readers think deeply about the contents the way native Chinese do! In order to help the students of Mandarin Chinese remember important characters, words, long words, idioms, etc., these entities have been purposely repeated throughout the book, and across the books in the series. Taken together, the books in Biography series will tremendously help readers improve their Chinese reading skills.

If you have any questions, suggestions, and feedbacks, feel free to let me know in the review or comments.

You can find more about China and Chinese culture on my blog and Amazon homepage.

I blog at:

www.QuoraChinese.com

-Qing Qing

江清清

©2023 Qing Qing Jiang

All rights reserved.

MOST FAMOUS &

TOP INFLUENTIAL PEOPLE IN

CHINESE HISTORY

SELF-LEARN READING

MANDARIN CHINESE, VOCABULARY,

EASY SENTENCES,

HSK ALL LEVELS

(PINYIN, SIMPLIFIED CHARACTERS)

ACKNOWLEDGMENTS

I am a blogger. It has been a long and interesting journey since I started blogging quite a few years ago.

The blogging passion enabled me to write useful contents. In particular, I have been writing about China, and its culture.

My passion in writing was supported by my friends, colleagues, and most importantly, the almighty.

I thank everyone for constantly inspiring me in my life endeavours.

CONTENTS

PREFACE 2
ACKNOWLEDGMENTS 4
CONTENTS 5
LIFE (人物生平) 7
LIFE ACHIEVEMENT (人生成就) 12
CHARACTER ANALYSIS (性格剖析) 16
ZHUANGZI'S LIFE STORY (庄子人生故事) 19
PHILOSOPHICAL INSIGHT (哲学的见解) 22
EVOLVING THEORY OF TEXT (不断发展的文本理论) 27
DEEP EXPLORATION OF TAO (道的深层探索) 34
RELIGIOUS VIEW OF LIFE (宗教观) 42

前言

庄子，（也可以叫"庄主"）英文名 Chuang-tzu，原名庄周。他的作品（《庄子》）被认为是道教的最终文本之一，被认为比《道德经》更全面，而《道德经》是由道教的第一位哲学家老子所著。庄子的学说也对中国佛教的发展产生了巨大影响，并对中国山水画和诗歌产生了相当大的影响。

Zhuāngzi, (yě kěyǐ jiào"zhuāng zhǔ") yīngwén míng Chuang-tzu, yuánmíng zhuāng zhōu. Tā de zuòpǐn ("zhuāngzi") bèi rènwéi shì dàojiào de zuìzhōng wénběn zhī yī, bèi rènwéi bǐ "dàodé jīng" gèng quánmiàn, ér "dàodé jīng" shì yóu dàojiào de dì yī wèi zhéxué jiā lǎozi suǒzhe. Zhuāngzi de xuéshuō yě duì zhōngguó fójiào de fǎ zhǎn chǎnshēngle jùdà yǐngxiǎng, bìng duì zhōngguó shānshuǐhuà hè shīgē chǎnshēngle xiāngdāng dà de yǐngxiǎng.

LIFE (人物生平)

Zhuangzi (庄子, ~369 BC-286 BC), real name Zhuang Zhou (庄周) and also known as Chuang Tzu, was a thinker (思想家), philosopher (哲学家), writer (文学家), and a prominent personality of the Taoist school (道家学派). He founded Zhuang Xue (庄学), an important philosophical school in Chinese philosophy. After Lao Tzu (老子, Laozi), he was one of the main representatives of the Taoist school during the Warring States Period. Together, Laozi and Zhuangzi are called "Laozhuang" (老庄), and their philosophical and ideological system is respected as "Laozhuang philosophy" (老庄哲学) by the scholars.

During the Spring and Autumn Period, numerous schools of thought contended (百家争鸣) for streamlining the chaos of political strife among the vassal states. During this time, many prominent personalities -- such as Confucius and Mencius of Confucianism (儒家的孔孟), Shang Yang of Legalism (法家的商鞅), Sun Bin of military strategy (兵家的孙膑) -- emerged on the Chinese philosophical landscape. Lao Tzu and Zhuangzi were Taoists. Zhuangzi was a native of Song State (宋国), and he loved freedom all his life.

Although not much is known about the family background of Zhuangzi, Scholars agree that Zhuangzi's ancestors belonged to the nobles of the Chu State (楚国). Later, due to the civil strife and political turmoil in Chu State, his ancestors moved to Song State (宋国). Zhuangzi was a native of the Mengyi city (蒙邑) of the Song State, located in the modern Minquan County, northeast of Shangqiu City, Henan Province (今河南省商丘市东北民权县).

Zhuangzi lived during the era of King Xuan of Qi (齐宣王, 350 BC-301 BC). Zhuangzi was a talented man. His merits were more than enough to acquire lots of wealth and official position. However, Zhuangzi loved freedom and did not like to be a high official, so he became a petty official, known as Qi Yuan Li (漆园吏), in the Song State.

At that time, when King Wei of Chu (楚威王, ?-329 BC, time in office: 340 BC-329 BC) heard about the merits of Zhuangzi, he specially sent messengers to invite Zhuangzi to be the Prime minister (相国, Xiangguo).

However, Zhuangzi told the messenger a short story: "Look at the sacrificed cattle, they have been fed and nurtured only to be sacrificed later. They are eventually slaughtered as sacrifices. Why would I want to become Prime Minister when I am living a here free life? I love my freedom more than anything else."

The messenger was speechless, and the state of Chu never offered him the job again after that. Indeed, the King Wei of Chu did not hire Zhuangzi because he advocated freedom too much.

Zhuangzi's life was totally unrestrained. For example, during the death of his wife in his later years, everyone was mourning his wife. However, Zhuangzi stretched his legs beside the coffin and held a pot in his hand. He didn't look sad at all. Instead, he tapped the pot and sang aloud. In fact, regarding his own funeral plans (when Zhuangzi would later die), some of his disciples advocated building a tomb for him. However, Zhuangzi didn't like this idea, saying that he considered the heaven and the earth as the coffin, time as the ceremonial jade (璧), the stars as the pearls (珍珠), and all these things were enough to accompany him during his burial. Therefore, when Zhuangzi died, there were no accompanying burial material. No mausoleum was built for Zhuangzi immediately.

Interpreting the character of Zhuangzi from certain angles, one may feel that his thoughts were cold, but his heart was not cold. He was indeed a great human being.

Zhuangzi lived in poverty and yet forever despised glory, wealth, power, fame and fortune. He always tried to maintain an independent personality despite troubled times and pursued spiritual freedom. It was Zhuangzi's solemn choice of the way of life to be willing to be poor and live a happy life. Zhuangzi said that wealth, honor, benevolence and righteousness were the things that affect the lives badly. No wonder, in his whole life, he only served as a local official, known as Qi Yuan Li (漆园吏): Zhuangzi worked as Qi Yuan Li and retired from the public life. He was praised for his dedication to work and was regarded as a model for local officials. Inspired by his reputation, King Wei of Chu sent emissaries offering him a lot of property and invited him to the state of Chu to become Prime Minister. However, Zhuangzi said that he would not be a victim of greed.

His thoughts of "a learning both sound in theory and practice" (内圣外王, literally: sage inside, king outside) had a far-reaching impact on Confucianism.

He had very clear thoughts (洞悉) into the theory of changes and pointed out that the Book of Changes 《易经》 was based on the philosophy of Yin and Yang (阴阳). His thought of "Three Sounds" (三籁: Human Sound 人籁, Earthly Sound 地籁, and Sounds of Nature 天籁) is consistent with the principle of the "Three Powers" (三才, Heaven, Earth, and Man) of the Book of Changes.

His works are rich in imagination and contain agile language. He could write subtle and unspeakable philosophical ideas in fascinating ways. Scholars described his writing style as "the philosophy of literature, the literature of philosophy" (文学的哲学，哲学的文学).

His works are compiled in "Zhuangzi" 《庄子》, a Taoist classics. "Zhuangzi", also known as "Nanhua Jing" 《南华真经》, is a collection of Taoist theories written by Zhuangzi and his later scholars in the middle and late Warring States Period. The book "Zhuangzi" mainly reflects Zhuangzi's critical thoughts of philosophy, art, and aesthetics. Its content is rich, broad, and profound, involving philosophy, life, politics, society, art, cosmogony.

"Zhuangzi" also made a profound criticism of Instrumental Rationality (工具理性). The treatise further put forward the point of view of "forgetting words" and rather "have a tacit understanding" (得意忘言), meaning that "the meaning being already known, one's words are therefore no more necessary".

According to the legends, Zhuangzi, in his later years, lived in seclusion in the Nanhua Mountain (南华山) and died there. Hence, after the Han Dynasty (汉代, 202 BC-220 AD), Zhuangzi was regarded as the Nanhua Immortal (南华真人), and "Zhuangzi" 《庄子》 was called Nanhua Scripture 《南华真经》. Later, in the early days of Emperor Xuanzong of Tang Dynasty (唐玄宗, 685-762), Zhuangzi was formally granted the title of Nanhua Immortal (南华真人) by the imperial edict, and the book Zhuangzi 《庄子》 was also honored as the "Nanhua Scripture" 《南华真经》.

His book "Zhuangzi", along with "Laozi" 《老子》, and "Book of Changes" 《周易》 are collectively known as "Sanxuan" (三玄), meaning "Three Profound Studies".

LIFE ACHIEVEMENT (人生成就)

1	庄子	Zhuāngzi	Respectful name for Zhuang Zhou; village; hamlet
2	轶事	Yì shì	Anecdote
3	太史	Tàishǐ	Court historian
4	司马迁	Sīmǎqiān	Sima Qian (163 BC-85 BC), a pioneering historian; author of Shi Ji (Historical Records)
5	死于	Sǐ yú	Die by; die of; die from
6	公元前	Gōngyuán qián	B.C. (Before Christ); B.C.E. (Before the Common Era)
7	传记	Zhuànjì	Biography
8	微弱	Wéiruò	Faint; feeble; weak
9	国人	Guórén	Compatriots; fellow countrymen; countrymen
10	被称为	Bèi chēng wèi	Known as; be known as; be called
11	儒家学者	Rújiā xuézhě	Confucian
12	孟子	Mèngzǐ	Mencius
13	同时代	Tóngshí dài	Coeval; contemporaneous
14	自己的	Zìjǐ de	Self
15	墨家	Mòjiā	Mohist School
16	墨子	Mò zi	Mozi (468 BC–376 BC), a thinker of the pre-Qin period and founder of Mohism; the Book of Mozi
17	人人有责	Rén rén yǒu zé	Everybody is responsible; Everyone bears his share of the responsibility for;

18	真经	Zhēn jīng	Practical/real knowledge
19	第一位	Dì yī wèi	First place
20	可能是	Kěnéng shì	May be; Might be; probable
21	评论家	Pínglùn jiā	Critic; reviewer; essayist
22	道教	Dàojiào	Taoism
23	普遍认为	Pǔbiàn rènwéi	General; It is generally believed that
24	出自	Chūzì	Come from; originate from
25	杂记	Zájì	Jottings; notes
26	追随者	Zhuīsuí zhě	Follower; following; adherent
27	产物	Chǎnwù	Outcome; result; product
28	性格	Xìnggé	Nature; disposition; temperament; character
29	生动	Shēngdòng	Lively; vivid
30	来自于	Láizì yú	Come/originate from
31	后面	Hòumiàn	At the back; in the rear; behind; later

Chinese (中文)

尽管庄子地位很重要，但除了《庄子》中关于他的许多轶事外，他的生活细节却不为人知。汉代的"太史公"司马迁（约死于公元前87年）在他的庄子传记中只写了最微弱的信息。它表明，庄子是孟国人，他的个人名字是周，在他的家乡启元当过小官。他生活在楚威王统治时期（死于公元前327年），因此与被称为中国"第二圣人"的杰出儒家学者孟子同时代。根据司马迁的说法，庄子的学说主要来自老子的言论，但他的视野要宽广得多。他用自己的文学和哲学技巧驳斥了儒家和墨家（墨子的追随者，主张"人人有责"）。

庄子最有名的是以他名字命名的《庄子》，也被称为《南华真经》（《南华纯经》）。大约在公元 4 世纪之交，郭象是《庄子》的第一位也可能是最好的评论家，他将这部作品确立为道教思想的主要来源。该书由 33 章组成，有证据表明，在 4 世纪流传的该书副本中可能有多达 53 章。人们普遍认为，前七章，即 "内书"，大部分出自庄子本人之手，而 "外书"（第 8-22 章）和杂记（第 23-33 章）则主要是他后来的追随者的产物。对庄子性格的生动描述来自于该书后面几章中关于他的轶事。

Pinyin (拼音)

Jǐnguǎn zhuāng zǐ dìwèi hěn zhòngyào, dàn chúle "zhuāngzi" zhōng guānyú tā de xǔduō yì shì wài, tā de shēnghuó xìjié què bù wéi rénzhī. Hàndài de"tàishǐ gōng"sīmǎqiān (yuē sǐ yú gōngyuán qián 87 nián) zài tā de zhuāngzi zhuànjì zhōng zhǐ xiěle zuì wéiruò de xìnxī. Tā biǎomíng, zhuāngzi shì mèng guórén, tā de gèrén míngzì shì zhōu, zài tā de jiāxiāng qǐ yuán dāngguò xiǎo guān. Tā shēnghuó zài chǔ wēi wáng tǒngzhì shíqí (sǐ yú gōngyuán qián 327 nián), yīncǐ yǔ bèi chēng wéi zhōngguó"dì èr shèngrén"de jiéchū rújiā xuézhě mèngzǐ tóngshí dài. Gēnjù sīmǎqiān de shuōfǎ, zhuāngzi de xuéshuō zhǔyào láizì lǎozi de yánlùn, dàn tā de shìyě yào kuānguǎng dé duō. Tā yòng zìjǐ de wénxué hé zhéxué jìqiǎo bóchìle rújiā hé mòjiā (mò zi de zhuīsuí zhě, zhǔzhāng"rén rén yǒu zé").

Zhuāngzi zuì yǒumíng de shì yǐ tā míngzì mìngmíng de "zhuāngzi", yě bèi chēng wèi "nánhuá zhēn jīng"("nánhuá chún jīng"). Dàyuē zài gōngyuán 4 shìjì zhī jiāo, guō xiàng shì "zhuāngzi" de dì yī wèi yě kěnéng shì zuì hǎo de pínglùn jiā, tā jiāng zhè bù zuòpǐn quèlì wèi dàojiào sīxiǎng de zhǔyào láiyuán. Gāi shū yóu 33 zhāng zǔchéng, yǒu zhèngjù biǎomíng, zài 4 shìjì liúchuán de gāi shū fùběn zhōng kěnéng yǒu duō dá 53 zhāng. Rénmen pǔbiàn rènwéi, qián qī zhāng, jí"nèi shū", dà bùfèn chūzì zhuāngzi běnrén zhī shǒu, ér"wài shū"(dì 8-22 zhāng) hé zájì (dì 23-33 zhāng) zé zhǔyào shi tā hòulái de zhuīsuí zhě de chǎnwù. Duì zhuāngzi xìnggé de shēngdòng miáoshù láizì yú gāi shū hòumiàn jǐ zhāng zhōng guānyú tā de yì shì.

CHARACTER ANALYSIS (性格剖析)

1	预知	Yùzhī	Precognition; foreknowledge
2	古怪	Gǔguài	Eccentric; odd; strange; quaint
3	圣人	Shèngrén	Sage; wise man
4	毫不在意	Háo bù zàiyì	Be completely unconcerned (about something)
5	破旧	Pòjiù	Old and shabby; worn-out; dilapidated
6	补丁	Bǔdīng	Patch
7	鞋子	Xiézi	Shoes
8	绳子	Shéngzi	Cord; rope; string
9	散架	Sǎnjià	Fall apart; fall to pieces
10	悲惨	Bēicǎn	Miserable; sad and shocking; pitiful; tragic
11	贫穷	Pínqióng	Poor; needy; impoverished; privation
12	好朋友	Hǎo péngyǒu	Good friend; great friend
13	安慰	Ānwèi	Comfort; console
14	去世	Qùshì	Die; pass away
15	垫子	Diànzi	Mat; pad; cushion
16	盆子	Pénzi	Basin; pot
17	斥责	Chìzé	Reprimand; rebuke; denounce
18	不恰当	Bù qiàdàng	Inappropriate; out of place; irrelevance
19	意识到	Yìshí dào	Realize; be conscious/aware of
20	原本	Yuánběn	Original manuscript; master copy
21	形态	Xíngtài	Form; shape; pattern; morphology

22	生命力	Shēngmìnglì	Vitality
23	不存在	Bù cúnzài	Non-existent; nothingness
24	夹缝	Jiáfèng	A narrow space between two adjacent things
25	转变	Zhuǎnbiàn	Change; convert; transform; turn
26	四季	Sìjì	The four seasons; all the year round; at all seasons
27	轮回	Lúnhuí	Coming again and again
28	睡觉	Shuìjiào	Sleep; fall asleep; go to bed; have a sleep
29	到处	Dàochù	At all places; everywhere; in every place; in all places
30	哭泣	Kūqì	Cry; weep; sob
31	哀号	Āiháo	Cry piteously; wail
32	命运	Mìngyùn	Destiny; fate; lot; fortune
33	无知	Wúzhī	Ignorant

Chinese (中文)

在以上落中，庄子作为一个不可预知的、古怪的圣人出现，他似乎对个人的舒适和公众的尊敬毫不在意。他的衣服很破旧，打着补丁，他的鞋子必须用绳子绑在脚上，以防止鞋子散架。然而，他并不认为自己是悲惨的，只是贫穷。当他的好朋友惠施来安慰他的妻子去世时，他发现圣人坐在垫子上，边唱边打着盆子。惠施斥责他，指出这种行为在一个与他一起生活和变老并为他生了孩子的人去世时是不恰当的。

"她死后，我怎么能不受影响呢？但当我思考这个问题时，我意识到她原本没有生命；不仅没有生命，她也没有形态；不仅没有形态，她也没有生命力（气）。在存在与不存在的夹缝中，出现了转变，生命力出现了。生命力被转化为形式，形式被转化为生命，现在生被转化为死。这就像四季的轮回，春、夏、秋、冬。现在她躺在大房子里睡觉。对我来说，到处哭泣和哀号将显示我对命运的无知。因此，我放弃了。"

Pinyin (拼音)

Zài yǐshàng luò zhōng, zhuāng zǐ zuòwéi yīgè bùkě yùzhī de, gǔguài de shèngrén chūxiàn, tā sìhū duì gèrén de shūshì hé gōngzhòng de zūnjìng háo bù zàiyì. Tā de yīfú hěn pòjiù, dǎzhe bǔdīng, tā de xiézi bìxū yòng shéngzi bǎng zài jiǎo shàng, yǐ fángzhǐ xié zǐ sǎnjià. Rán'ér, tā bìng bù rènwéi zìjǐ shì bēicǎn de, zhǐshì pínqióng. Dāng tā de hǎo péngyǒu huì shī lái ānwèi tā de qīzi qùshì shí, tā fāxiàn shèngrén zuò zài diànzi shàng, biān chàng biān dǎzhe pénzi. Huì shī chìzé tā, zhǐchū zhè zhǒng xíngwéi zài yīgè yǔ tā yīqǐ shēnghuó hé biàn lǎo bìng wèi tā shēngle háizi de rén qùshì shí shì bù qiàdàng de.

"Tā sǐ hòu, wǒ zěnme néng bù shòu yǐngxiǎng ne? Dàn dāng wǒ sīkǎo zhège wèntí shí, wǒ yìshí dào tā yuánběn méiyǒu shēngmìng; bùjǐn méiyǒu shēngmìng, tā yě méiyǒu xíngtài; bùjǐn méiyǒu xíngtài, tā yě méiyǒu shēngmìnglì (qì). Zài cúnzài yǔ bù cúnzài de jiáfèng zhōng, chūxiànle zhuǎnbiàn, shēngmìnglì chūxiànle. Shēngmìnglì bèi zhuǎnhuà wéi xíngshì, xíngshì bèi zhuǎnhuà wéi shēngmìng, xiànzài shēng bèi zhuǎnhuà wéi sǐ. Zhè jiù xiàng sìjì de lúnhuí, chūn, xià, qiū, dōng. Xiànzài tā tǎng zài dà fángzi lǐ shuìjiào. Duì wǒ lái shuō, dàochù kūqì hé āiháo jiāng xiǎnshì wǒ duì mìngyùn de wúzhī. Yīncǐ, wǒ fàngqìle."

ZHUANGZI'S LIFE STORY (庄子人生故事)

1	弟子	Dìzǐ	Disciple; pupil; follower
2	精心准备	Jīngxīn zhǔnbèi	Prepare better
3	葬礼	Zànglǐ	Funeral ceremony; obsequies; funeral rites; funeral
4	不需要	Bù xūyào	No; not required; do without
5	用具	Yòngjù	Utensil; tool; tackle; tackling
6	造物	Zàowù	The divine force that created the universe; Nature
7	祭品	Jì pǐn	Sacrificial offerings; oblation
8	护送	Hùsòng	Escort; convoy
9	乌鸦	Wūyā	Crow
10	秃鹰	Tū yīng	Bald eagle
11	吃掉	Chī diào	Eat up; take; annihilate; wipe out
12	在地上	Zài dìshàng	On the ground; on the floor; on the earth
13	狼狗	Lánggǒu	Wolfhound; wolf dog
14	虫子	Chóngzi	Insect; worm; bug
15	一个人	Yīgè rén	One
16	另一个人	Lìng yīgè rén	The Other Man; another person
17	怪癖	Guàipǐ	Eccentricity; strange hobby; oddball; nerd
18	游行	Yóuxíng	Parade; march; demonstration
19	性质	Xìngzhì	Properties; quality; character; nature
20	理解	Lǐjiě	Understand; comprehend

21	洞察力	Dòngchá lì	Insight; discernment
22	来自于	Láizì yú	Come/originate from
23	既是	Jìshì	Since; as; now that
24	连续	Liánxù	Continuation; succession; series; continuity
25	认识	Rènshí	Be familiar with; be aware of; know; understand

Chinese (中文)

当庄子自己处于死亡的边缘时，他的弟子们开始谈论为他精心准备的葬礼。庄子立即停止了讨论，宣称他不需要大葬礼的用具，大自然将是他的内棺和外棺，太阳和月亮是他的玉环，星星和行星是他的珠宝。所有的造物都会为他提供祭品和护送。他不需要更多。他的弟子们有些吃惊，说他们害怕乌鸦和秃鹰会吃掉他。庄子回答说

"在地上是乌鸦和狼狗野兽会吃我；在地下是虫子和蚂蚁。这是什么偏见，你想从一个人身上拿东西给另一个人？"

庄子的怪癖直接源于他对人类经验的游行性质的理解。庄子的洞察力来自于对生活中的一切既是动态的又是连续的----他称之为道的认识。

Pinyin (拼音)

Dāng zhuāng zǐ zìjǐ chǔyú sǐwáng de biānyuán shí, tā de dìzǐmen kāishǐ tánlùn wèi tā jīngxīn zhǔnbèi de zànglǐ. Zhuāngzi lìjí tíngzhǐle tǎolùn, xuānchēng tā bù xūyào dà zànglǐ de yòngjù, dà zìrán jiāng shì tā de nèi guān hé wài guān, tàiyáng hé yuèliàng shì tā de yùhuán, xīngxīng hé xíngxīng shì tā de zhūbǎo. Suǒyǒu de zàowù dūhuì wèi tā tígōng jì pǐn hé hùsòng. Tā bù xūyào gèng duō. Tā de dìzǐmen yǒuxiē chījīng, shuō tāmen hàipà wūyā hé tū yīng huì chī diào tā. Zhuāng zǐ huídá shuō

"zài dìshàng shì wūyā hé lánggǒu yěshòu huì chī wǒ; zài dìxià shì chóngzi hé mǎyǐ. Zhè shì shénme piānjiàn, nǐ xiǎng cóng yīgè rén shēnshang ná dōngxī gěi lìng yīgè rén?"

Zhuāngzi de guàipǐ zhíjiē yuán yú tā duì rénlèi jīngyàn de yóuxíng xìngzhì de lǐjiě. Zhuāngzi de dòngchá lì láizì yú duì shēnghuó zhōng de yīqiè jìshì dòngtài de yòu shì liánxù de----tāchēng zhī wèi dào de rènshí.

PHILOSOPHICAL INSIGHT (哲学的见解)

1	最初	Zuìchū	Prime; initial; first
2	结束	Jiéshù	Finish; closure; foreclosure; end
3	没有限制	Méiyǒu xiànzhì	No limit; no restrictions
4	分界	Fēnjiè	Have as the boundary; be demarcated by; dividing line;
5	转化	Zhuǎnhuà	Change; transform; inversion; conversion
6	允许	Yǔnxǔ	Permit; allow; enable; allowable
7	按照	Ànzhào	According to; in accordance with; in the light of; on the basis of
8	自己的	Zìjǐ de	Self
9	另一种	Lìng yī zhǒng	Another kind; alternative; yet another
10	德行	Déxíng	Disgusting; shameful; moral integrity; moral conduct
11	束缚	Shùfù	Tie; bind up; fetter; bound
12			
13	宰相	Zǎixiàng	Prime minister; chancellor
14	宫廷	Gōngtíng	Palace; the monarch and his officials; royal court; court
15	生涯	Shēngyá	Career; profession
16	纠缠	Jiūchán	Tangle; foul; twist; get entangled
17	相对性	Xiāngduì xìng	Relativity
18	有力	Yǒulì	Strong; powerful; forceful; energetic

19	有一次	Yǒu yīcì	Once; on one occasion
20	梦见	Mèng jiàn	See in a dream; dream about; dream
21	蝴蝶	Húdié	Butterfly
22	意识到	Yìshí dào	Realize; be conscious/aware of
23	不知道	Bù zhīdào	A stranger to; have no idea; I don't know; No
24	忽然	Hūrán	Suddenly; all of a sudden; unexpectedly
25	在那里	Zài nàlǐ	There; over there; therein; where
26	梦到	Mèng dào	Dream of/about
27	有一些	Yǒu yīxiē	Some; rather
28	区别	Qūbié	Distinguish; differentiate; make a distinction between
29	万物	Wànwù	All things on earth; all
30	统一性	Tǒngyī xìng	Unity
31	在哪里	Zài nǎlǐ	Where; Where is; whereabouts
32	无处不在	Wú chù bùzài	Ubiquitous; Everywhere; ubiquity
33	宣称	Xuānchēng	Assert; declare; profess; asseverate
34	蚂蚁	Mǎyǐ	Ant
35	杂草	Zá cǎo	Weeds; rank grass
36	粪便	Fènbiàn	Excrement and urine; night soil; ordure pellet; feces
37	尿液	Niào yè	Urine
38	无所不在	Wúsuǒ bùzài	Omnipresent; ubiquitous
39	佛陀	Fótuó	The Buddha
40	特别是	Tèbié shì	Particular; special
41	禅宗	Chánzōng	The Chan sect; Zen

| 42 | 无为 | Wúwéi | Letting things take their own course; inaction; inactivity |

Chinese (中文)

庄子认为，对 "道 "可知可说的东西并不是 "道"。它既没有最初的开始，也没有最后的结束，也没有限制或分界。生命是道的不断转化，其中没有更好或更坏，没有善或恶。应该允许事情按照自己的方向发展，人不应该把一种情况看得比另一种情况更重要。一个真正有德行的人是不受环境、个人感情、传统的束缚，也不需要改革他的世界。庄子拒绝了担任楚国宰相的邀请，因为他不希望受到宫廷生涯的纠缠。

他的观点的完全相对性在《庄子》中比较著名的一段话中得到了有力的表达。

"有一次，我，庄周，梦见自己是一只蝴蝶，像蝴蝶一样快乐。我意识到我对自己相当满意，但我不知道我是周。忽然我醒了，我在那里，明显是周。我不知道是周梦到自己是一只蝴蝶，还是蝴蝶梦到自己是周。在周和蝴蝶之间，一定有一些区别。这就是所谓的事物的转化。"

在《庄子》中，所有经验的相对性与万物的统一性一直处于紧张状态。当被问及 "道 "在哪里时，庄子回答说它无处不在。当被问及更具体的问题时，他宣称它在蚂蚁身上，更低的是在杂草和锅盖里；此外，它还在粪便和尿液里。这种对 "道 "无所不在的有力陈述在后来的中国佛教中也有相似之处，在佛教中，类似的说法被用来描述无处不在的佛陀（佛教学者，特别是那些禅宗学者，也大量借鉴了庄子的作品）。庄子是卓越的哲学家，他是一个与道合一的无为之人。

Pinyin (拼音)

Zhuāng zǐ rènwéi, duì"dào"kězhī kě shuō de dōngxī bìng bùshì"dào". Tā jì méiyǒu zuìchū de kāishǐ, yě méiyǒu zuìhòu de jiéshù, yě méiyǒu xiànzhì huò fēnjiè. Shēngmìng shì dào de bùduàn zhuǎnhuà, qízhōng méiyǒu gèng hǎo huò gèng huài, méiyǒu shàn huò è. Yīnggāi yǔnxǔ shìqíng ànzhào zìjǐ de fāngxiàng fāzhǎn, rén bù yìng gāi bǎ yī zhǒng qíngkuàng kàn dé bǐ lìng yī zhǒng qíngkuàng gèng zhòngyào. Yīgè zhēnzhèng yǒu déxíng de rén shì bù shòu huánjìng, gèrén gǎnqíng, chuántǒng de shùfù, yě bù xūyào gǎigé tā de shìjiè. Zhuāngzi jùjuéle dānrèn chǔ guó zǎixiàng de yāoqǐng, yīnwèi tā bù xīwàng shòudào gōngtíng shēngyá de jiūchán.

Tā de guāndiǎn de wánquán xiāngduì xìng zài "zhuāngzi" zhōng bǐjiào zhùmíng de yīduàn huà zhōng dédàole yǒulì de biǎodá.

"Yǒu yīcì, wǒ, zhuāng zhōu, mèng jiàn zìjǐ shì yī zhǐ húdié, xiàng húdié yīyàng kuàilè. Wǒ yìshí dào wǒ duì zìjǐ xiāngdāng mǎnyì, dàn wǒ bù zhīdào wǒ shì zhōu. Hūrán wǒ xǐngle, wǒ zài nàlǐ, míngxiǎn shì zhōu. Wǒ bù zhīdào shì zhōu mèng dào zìjǐ shì yī zhǐ húdié, háishì húdié mèng dào zìjǐ shì zhōu. Zài zhōu hé húdié zhī jiān, yīdìng yǒu yīxiē qūbié. Zhè jiùshì suǒwèi de shìwù de zhuǎnhuà."

Zài "zhuāngzi" zhōng, suǒyǒu jīngyàn de xiāngduì xìng yǔ wànwù de tǒngyī xìng yīzhí chǔyú jǐnzhāng zhuàngtài. Dāng bèi wèn jí"dào"zài nǎlǐ shí, zhuāng zǐ huídá shuō tā wú chù bùzài. Dāng bèi wèn jí gèng jùtǐ de wèntí shí, tā xuānchēng tā zài mǎyǐ shēnshang, gèng dī de shì zài zá cǎo hé guō gài lǐ; cǐwài, tā hái zài fènbiàn hé niào yè lǐ. Zhè zhǒng duì "dào" wúsuǒbùzài de yǒulì chénshù zài hòulái de zhōngguó fójiào zhōng yěyǒu xiāngsì zhī chù, zài fójiào zhōng, lèisì de shuōfǎ bèi yòng lái miáoshù wú chù bùzài de fótuó (fójiào xuézhě, tèbié shì nàxiē chánzōng xuézhě, yě dàliàng jièjiànle zhuāngzi de zuòpǐn). Zhuāngzi shì zhuóyuè de zhéxué jiā, tā shì yīgè yǔ dào hé yī de wúwéi zhī rén.

EVOLVING THEORY OF TEXT (不断发展的文本理论)

1	汉朝	Hàn cháo	Han dynasty
2	灭亡	Mièwáng	Be destroyed; become extinct; perish; die out
3	胡乱	Húluàn	Carelessly; casually; at random
4	天书	Tiānshū	A book from heaven; abstruse writing; illegible writing; Greek to somebody
5	可能是	Kěnéng shì	May be; Might be; probable
6	缩减	Suōjiǎn	Reduce; cut; run-down; decrement
7	我们的	Wǒmen de	Ours
8	三个部分	Sān gè bùfèn	Three
9	第一部分	Dì yībùfèn	The first part; Part I; Part 1
10	生前	Shēngqián	Before one's death; during one's lifetime
11	来自于	Láizì yú	Come/originate from
12	第二组	Dì èr zǔ	Second heat
13	学术界	Xuéshù jiè	Academic circles; community of scholars
14	罗斯	Luósī	Ross
15	有一些	Yǒu yīxiē	Some; rather
16	自我主义	Zìwǒ zhǔyì	Egoism
17	孟子	Mèngzǐ	Mencius
18	利己主义	Lìjǐ zhǔyì	Egoism
19	利他主义	Lìtā zhǔyì	Altruism
20	被称为	Bèi chēng wèi	Known as; be known as; be called
21	原始主义	Yuánshǐ	Primitivism

		zhǔyì	
22	村落	Cūnluò	Village; hamlet
23	社会规范	Shèhuì guīfàn	Social norm
24	道德经	Dàodé jīng	Dao De Jing: The Classic of the Virtue of the Tao (by the ancient philosopher Lao Zi)
25	杂家	Zájiā	The Eclectics, a school of thought flourishing at the end of the Warring States Period and the beginning of the Han Dynasty
26	折衷主义者	Zhézhōng zhǔyì zhě	Eclectic
27	全面性	Quánmiàn xìng	Comprehensive; overall; all-round
28	章节	Zhāngjié	Chapters and sections
29	猜测	Cāicè	Guess; conjecture; surmise; speculate
30	最初	Zuìchū	Prime; initial; first
31	其余	Qíyú	The others; the rest; the remaining; the remainder
32	学术	Xuéshù	Learning; science
33	智慧	Zhìhuì	Wisdom; intelligence; wit
34	道家	Dàojiā	Taoist school; Taoists
35	真经	Zhēn jīng	Practical/real knowledge
36	教义	Jiàoyì	Religious doctrine; creed
37	润色	Rùnsè	Embroidery; retouch; polish; larded with
38	同名	Tóngmíng	Of the same name; synonym; homonym
39	现存	Xiàncún	Extant; in stock; existing

40	做出贡献	Zuò chū gòngxiàn	Form a contribution
41	学派	Xuépài	School of thought; school
42	在很大程度上	Zài hěn dà chéngdù shàng	For the greater part; in a great measure; to a considerable degree; to a considerable extent
43	摒弃	Bǐngqì	Abandon; get rid of
44	指导性	Zhǐdǎo xìng	Guideline
45	本质上	Běnzhí shàng	Essentially; at heart; in essence; in nature
46	自我保护	Zìwǒ bǎohù	Self-belay
47	典范	Diǎnfàn	Model; example; paragon
48	隐士	Yǐnshì	Recluse; hermit
49	动机	Dòngjī	Motive; intention; motivation; cause
50	风俗习惯	Fēngsú xíguàn	Social customs and habits; customs and ways; customs and folkways; manners and customs
51	他们的	Tāmen de	Their; theirs
52	纯洁性	Chúnjié xìng	Quality of pureness
53	风俗	Fēngsú	Custom
54	自己的	Zìjǐ de	Self
55	直觉	Zhíjué	Intuition
56	乡村	Xiāngcūn	Village; countryside; rural area; country
57	村庄	Cūnzhuāng	Village; hamlet
58	生活方式	Shēnghuó fāngshì	Lifestyle; way (or mode) of life
59	民粹主义	Míncuì	Populism

		zhǔyì	
60	无政府主义	Wú zhèngfǔ zhǔyì	Anarchism
61	倾向	Qīngxiàng	Be inclined to; prefer; inclination

Chinese (中文)

汉朝灭亡后约 600 年后，一位学者郭象（卒于 312 年）对他所看到的胡乱积累的天书和可能是真实的文本进行了编辑和缩减。他的结论是，许多文本是在庄子生活的年代之后添加的。郭沫若报告说，将之前的著作集从五十二章压缩到三十三章。这就是我们的知识所依据的现存文本。郭沫若将他选择的章节分为三个部分："内篇"（1-7 章）、"外篇"（8-22 章）和 "杂篇"（23-33 章）。他只将第一部分归于庄子生前的时期--因此可能来自于庄子本人。第二组可能包括 "庄子学派 "的著作。现代学术界对第二组 "外篇 "和最后的 "杂篇"中发现的其他影响的各种来源进行了分配。格雷厄姆借鉴了中国理论家蒯锋的工作，刘小甘和哈罗德-罗斯也有一些不同的看法，将这些影响大致分为四组，有不同的名称。

* 庄子的学生或庄子学派，他们后来的著作与 "内篇 "中的观点最为接近。

* 与杨朱（公元前 4 世纪）有关的具有自我主义观点的作者。孟子将杨朱的思想表述为一种伦理上的利己主义，拒绝传统的利他主义社道。

* 第三组格雷厄姆被称为"原始主义者"。原始主义者与杨朱一样，对社会、历史或传统的道--通常是那些支持超越农业村落生活的社会规范的道--赞成更自然的方式。这个群体与《老子》（道德经）文本的态度相同，混合了杨氏的主题。

* 最后一组，在"杂家"部分占主导地位，格雷厄姆称他们为联合主义者（折衷主义者），他们似乎试图通过将所有观点结合到一个完整的道中而实现全面性。

尽管被广泛认为，庄子是任何"内部"章节的作者，这仍然是一个猜测性的假设。郭沫若最初的评价是，庄子没有写过其余任何章节，这仍然是传统的学术智慧，但宗教道家将整本书视为《南华真经》的一部。

将所有这些内容合为一卷，反映了一种熟悉的古典模式，即对大师的教义进行润色，使之符合同名的写作风格，并以独特的方式扩展其主题和见解。对现存文本做出贡献的四个学派都强调自然--通常是与社会文化相对的道。

扬弃主义或利己主义在很大程度上摒弃了社会或道德的道，其明显的假设是自然的指导性道本质上是建议自我保护的行为。它的典范是反社会的隐士。自身利益的动机在规范上先于任何常规道。他们通过拒绝社会的风俗习惯来保护他们的自然纯洁性不受社会的腐蚀。

原始主义同样拒绝社会和传统的道德（风俗），但它有自己的概念，即一种自然的、前社会的、典型的直觉的、支持乡村的、农业的、村庄的生活方式。它支持民粹主义和无政府主义的政治倾向。

Pinyin (拼音)

Hàn cháo mièwáng hòu yuē 600 nián hòu, yī wèi xuézhě guō xiàng (zú yú 312 nián) duì tāsuǒ kàn dào de húluàn jīlěi de tiānshū hàn kěnéng shì zhēnshí de wénběn jìnxíngle biānjí hé suōjiǎn. Tā de jiélùn shì, xǔduō wénběn shì zài zhuāng zǐ shēnghuó de niándài zhīhòu tiānjiā de. Guōmòruò bàogào shuō, jiāng zhīqián de zhùzuò jí cóng wǔshí'èr zhāng yāsuō dào sānshísān zhāng. Zhè jiùshì wǒmen de zhīshì suǒ yījù de xiàncún wénběn. Guōmòruò jiāng tā xuǎnzé de zhāngjié fēn wéi sān gè bùfèn:"Nèi piān"(1-7 zhāng),"wài piān"(8-22 zhāng) hé"zá piān"(23-33 zhāng). Tā zhǐ jiāng dì yībùfèn guīyú zhuāng zǐ shēngqián de shíqí--yīncǐ kěnéng láizì yú zhuāngzi běnrén. Dì èr zǔ kěnéng bāokuò"zhuāng zǐ xuépài"de zhùzuò. Xiàndài xuéshù jiè duì dì èr zǔ"wài piān"hé zuìhòu de"zá piān"zhōng fāxiàn de qítā yǐngxiǎng de gè zhǒng láiyuán jìnxíngle fēnpèi. Géléi è mǔ jièjiànle zhōngguó lǐlùn jiā kuǎi fēng de gōngzuò, liúxiǎogān hé hā luō dé-luósī yěyǒu yīxiē bùtóng de kànfǎ, jiāng zhèxiē yǐngxiǎng dàzhì fēn wéi sì zǔ, yǒu bùtóng de míngchēng.

* Zhuāngzi de xuéshēng huò zhuāng zǐ xuépài, tāmen hòulái de zhùzuò yǔ"nèi piān"zhōng de guāndiǎn zuìwéi jiējìn.

* Yǔ yáng zhū (gōngyuán qián 4 shìjì) yǒuguān de jùyǒu zìwǒ zhǔyì guāndiǎn de zuòzhě. Mèngzǐ jiāng yáng zhū de sīxiǎng biǎoshù wéi yī zhǒng lúnlǐ shàng de lìjǐ zhǔyì, jùjué chuántǒng de lìtā zhǔyì shè dào.

* Dì sān zǔ géléi è mǔ bèi chēng wèi"yuánshǐ zhǔyì zhě". Yuánshǐ zhǔyì zhě yǔ yáng zhū yīyàng, duì shèhuì, lìshǐ huò chuántǒng de dào--tōngcháng shì nàxiē zhīchí chāoyuè nóngyè cūnluò shēnghuó de shèhuì guīfàn de dào--zànchéng gèng zìrán de fāngshì. Zhège qúntǐ yǔ "lǎozi"(dàodé jīng) wénběn de tàidù xiāngtóng, hùnhéle yáng shì de zhǔtí.

* Zuìhòu yī zǔ, zài "zájiā" bùfèn zhàn zhǔdǎo dìwèi, géléi è mǔ chēng tāmen wèi liánhé zhǔyì zhě (zhézhōng zhǔyì zhě), tāmen sìhū shìtú tōngguò jiāng suǒyǒu guāndiǎn jiéhé dào yīgè wánzhěng de dàozhōng ér shíxiàn quánmiàn xìng.

Jǐnguǎn bèi guǎngfàn rènwéi, zhuāngzi shì rènhé "nèibù" zhāngjié de zuòzhě, zhè réngrán shì yīgè cāicè xìng de jiǎshè. Guōmòruò zuìchū de píngjià shì, zhuāngzi méiyǒu xiěguò qíyú rènhé zhāngjié, zhè réngrán shì chuántǒng de xuéshù zhìhuì, dàn zōngjiào dàojiā jiāng zhěng běn shū shì wéi "nánhuá zhēn jīng" de yī bù.

Jiāng suǒyǒu zhèxiē nèiróng hé wéi yī juàn, fǎnyìngle yī zhǒng shúxī de gǔdiǎn móshì, jí duì dàshī de jiàoyì jìnxíng rùnsè, shǐ zhī fúhé tóngmíng de xiězuò fēnggé, bìng yǐ dútè de fāngshì kuòzhǎn qí zhǔtí hé jiànjiě. Duì xiàncún wénběn zuò chū gòngxiàn de sì gè xuépài dōu qiángdiào zìrán--tōngcháng shì yǔ shèhuì wénhuà xiāngduì de dào.

Yángqì zhǔyì huò lìjǐ zhǔyì zài hěn dà chéngdù shàng bǐngqìle shèhuì huò dàodé de dào, qí míngxiǎn de jiǎshè shì zìrán de zhǐdǎo xìng dào běnzhí shàng shì jiànyì zìwǒ bǎohù de xíngwéi. Tā de diǎnfàn shì fǎn shèhuì de yǐnshì. Zìshēn lìyì de dòngjī zài guīfàn shàng xiān yú rènhé chángguī dào. Tāmen tōngguò jùjué shèhuì de fēngsú xíguàn lái bǎohù tāmen de zìrán chúnjié xìng bù shòu shèhuì de fǔshí.

Yuánshǐ zhǔyì tóngyàng jùjué shèhuì hé chuántǒng de dàodé (fēngsú), dàn tā yǒu zìjǐ de gàiniàn, jí yī zhǒng zìrán de, qián shèhuì de, diǎnxíng de zhíjué de, zhīchí xiāngcūn de, nóngyè de, cūnzhuāng de shēnghuó fāngshì. Tā zhīchí míncuì zhǔyì hé wú zhèngfǔ zhǔyì de zhèngzhì qīngxiàng.

DEEP EXPLORATION OF TAO (道的深层探索)

1	看法	Kànfǎ	A way of looking at a thing; perspective; view
2	来自于	Láizì yú	Come/originate from
3	文本	Wénběn	Text; version
4	风格	Fēnggé	Style; form; manner; touch
5	西方	Xīfāng	The west; westward; the West; the Occident
6	互动	Hùdòng	Interact; mutually engage
7	卷入	Juàn rù	Be drawn into; be involved in
8	哲学	Zhéxué	Philosophy
9	寓言	Yùyán	Fable; allegory; parable
10	虚构	Xūgòu	Fabricate; make up; fiction
11	头骨	Tóugǔ	Skull; cranium
12	驯兽师	Xún shòu shī	Animal tamer
13	屠夫	Túfū	Butcher; sticker; a ruthless ruler
14	窃贼	Qièzéi	Thief; burglar; pilferer
15	难以捉摸	Nányǐ zhuōmō	Be elusive/unintelligible
16	明确地	Míngquè de	Definitely; explicitly; specifically
17	语气	Yǔqì	Tone; manner of speaking; mood
18	反问	Fǎnwèn	Ask in reply; answer a question with a question; rhetorical question
19	精炼	Jīngliàn	Refine; fining; softening
20	谜语	Míyǔ	Riddle; conundrum
21	可能会	Kěnéng huì	Likely; may; may be

22	摇头	Yáotóu	Shake one's head
23	不同意	Bù tóngyì	Disagree
24	表达自己	Biǎodá zìjǐ	Express oneself; Express yourself; assert yourself
25	几乎不	Jīhū bù	Hardly
26	翻译成	Fānyì chéng	Translate into; turn...Into; translate A into B
27	原文	Yuánwén	Text; the original; master copy
28	好奇心	Hàoqí xīn	Curiosity
29	沉浸	Chénjìn	Immerse; steep
30	可比性	Kěbǐ xìng	Comparability
31	吸引人	Xīyǐn rén	Attractive; interesting
32	事实上	Shìshí shàng	In fact; in reality; as a matter of fact; actually
33	魅力	Mèilì	Glamour; charm; enchantment; fascination
34	看似	Kàn shì	Look like; look as if
35	故意	Gùyì	Intentionally; willfully; deliberately; on purpose
36	开放式	Kāifàng shì	Open type
37	可塑性	Kěsùxìng	Plasticity; limberness
38	情节	Qíngjié	Plot; story; details of a case; circumstances
39	每一个	Měi yīgè	Every, each; each and every; everyone; per
40	每一次	Měi yīcì	Every time; at a time; from one time to the next
41	开放性	Kāifàng xìng	Open; patent
42	洞察力	Dòngchá lì	Insight; discernment
43	特别是	Tèbié shì	Particular; special

44	每个人	Měi gèrén	Everyone; all round
45	另一种	Lìng yī zhǒng	Another kind; alternative; yet another
46	生活方式	Shēnghuó fāngshì	Lifestyle; way (or mode) of life
47	解释者	Jiěshì zhě	Interpreter; expositor
48	自由自在	Zìyóu zìzài	Take one's ease; be one's own man; able to do anything of one's own free will; at liberty
49	游荡	Yóudàng	Loaf about; loiter; wander
50	高脚杯	Gāo jiǎo bēi	Goblet; tallboy; standing cup
51	清澈	Qīngchè	Limpid; clear; limpidity
52	很容易	Hěn róngyì	Very easy; Easily; It's easy
53	融入	Róngrù	Integrate into
54	思想家	Sīxiǎngjiā	Thinker
55	一系列	Yī xìliè	Series; tail; round; a series of
56	总而言之	Zǒng'ér yánzhī	To make a long story short; all in all; generally speaking; in a few words
57	弟子	Dìzǐ	Disciple; pupil; follower
58	翻译者	Fānyì zhě	Translator; interpreter
59	倾向于	Qīngxiàng yú	Prefer; have a disposition to; preferable; tend to
60	描述性	Miáoshù xìng	Descriptiveness; descriptive
61	处理方法	Chǔlǐ fāngfǎ	Treatment; method of disposal
62	形而上学	Xíng'ér shàngxué	Metaphysics
63	一元论	Yīyuánlùn	Monism
64	认识论	Rènshílùn	Theory of knowledge

65	直觉主义	Zhí jué zhǔyì	Intuitionism
66	无政府主义	Wú zhèngfǔ zhǔyì	Anarchism
67	规范性	Guīfàn xìng	Normalization; normative
68	绝对主义	Juéduì zhǔyì	Absolutism; doctrine of absolute justice
69	跟班	Gēnbān	Join a regular shift or class

Chinese (中文)

对《庄子》的广泛看法来自于文本的风格和它在中国思想史上出现的方式，以及它在中国和现代科学的西方之间的现代互动中被卷入的方式。

庄子的风格是哲学寓言，通常是两个观点之间的简短讨论或交流。在讨论者中，有少量的人类和自然及想象中的生物加入。它的虚构人物通常都有一个巧妙的名字，有些是儒家代表人物（孔子或他所谓的老师老聃）。有些讨论者是动物（真实和虚构的鱼、鸟、蛇）、会说话的头骨、风、音乐家、辩论者、老虎、驯兽师、屠夫、蝴蝶、窃贼和无数的 "自然管道"。富有表现力的简洁和微妙的细节增强了寓言中通常复杂而难以捉摸的观点的影响--它们很少明确地提出道德或明确的观点。最常见的是，作者以怀疑的语气、双重反问或一些精炼的谜语来结束讨论。他们可能会通过让双方摇头离开，只同意不同意的方式来表达自己的观点；双方都明白他们几乎不了解对方，但又觉得从交流中得到了一些启发。

这些翻译成西方语言会带来难以避免的偏见，主要影响是失去了原文的概念凝聚力，但这些寓言仍然吸引着许多西方哲学好奇心。他们得到了沉浸在一个独立的、具有可比性的古老和丰富的哲学传统中的兴奋感。中国境内外的读者无一例外地怀疑《庄子》的吸引人的风格中注入了哲学天才，即使他们对其哲学的结果有不同意见。事实上，《庄子》的大部分哲学魅力可能来自于其看似故意的开放式结构，其对话的解释可塑性，邀请，甚至可能要求我们加入作者的哲学思考。

这种吸引力只是部分源于其情节的质量和复杂性；每一个情节都照亮了一片哲学领域，以一个问题结束，供人进一步思考。每一次交流都呈现或说明了具有开放性结论的洞察力碎片----都带有庄子探索悖论的明显乐趣-----特别是吸引西方分析性思想家的那种语言上的悖论。每个人都表达了一些自然的，但也许是不可触及的，另一种生活方式。

经常出现的神秘结论 "答案是……"让解释者在几个世纪后，像累死累活的马一样争论……如何成为答案，或者……是什么（例如，"自由自在的游荡"，"走两条路"，"高脚杯的话"，"清澈"，等等）。每个人似乎都很容易融入两个传统中的思想家所熟悉的一系列难题中。人们怀疑，我们只能通过像维特根斯坦的苍蝇一样，从某个哲学瓶子里才能找到正确的解释。总而言之正确的哲学与庄子的正确解释相吻合。

传统的宗教庄子叙事把他作为老子的弟子，他们认为老子是一个神秘宗教的准神的创始人，崇拜一个神秘的实体，翻译者倾向于把它作为一个明确的描述性术语，但把它作为一个"大道"。兼容的哲学处理方法是形而上学的一元论、认识论的直觉主义（通常是明确的反理性主义）、政治无政府主义和模糊的规范性绝对主义的版本。大部分流行的和宗教的处理方法仍然遵循这一解释路线，将老子视为 "道家神秘思想 "或 "老庄 "思想的最早层次，并将庄子定位为其 "小跟班"。

Pinyin (拼音)

Duì "zhuāngzi" de guǎngfàn kànfǎ láizì yú wénběn de fēnggé hé tā zài zhōngguó sīxiǎng shǐshàng chūxiàn de fāngshì, yǐjí tā zài zhōngguó hé xiàndài kēxué de xīfāng zhī jiān de xiàndài hùdòng zhōng bèi juàn rù de fāngshì.

Zhuāngzi de fēnggé shì zhéxué yùyán, tōngcháng shì liǎng gè guāndiǎn zhī jiān de jiǎnduǎn tǎolùn huò jiāoliú. Zài tǎolùn zhě zhōng, yǒu shǎoliàng de rénlèi hé zìrán jí xiǎngxiàng zhōng de shēngwù jiārù. Tā de xūgòu rénwù tōngcháng dōu yǒu yīgè qiǎomiào de míngzì, yǒuxiē shì rújiā dàibiǎo rénwù (kǒngzǐ huò tā suǒwèi de lǎoshī lǎo dān). Yǒuxiē tǎolùn zhě shì dòngwù (zhēnshí hé xūgòu de yú, niǎo, shé), huì shuōhuà de tóugǔ, fēng, yīnyuè jiā, biànlùn zhě, lǎohǔ, xún shòu shī, túfū, húdié, qièzéi hé wú shǔ de"zìrán guǎndào". Fùyǒu biǎoxiàn lì de jiǎnjié hé wéimiào de xìjié zēngqiángle yùyán zhōng tōngcháng fùzá ér nányǐ zhuōmō de guāndiǎn de yǐngxiǎng--tāmen hěn shǎo míngquè de tíchū dàodé huò míngquè de guāndiǎn. Zuì chángjiàn de shì, zuòzhě yǐ huáiyí de yǔqì, shuāngchóng fǎnwèn huò yīxiē jīngliàn de míyǔ lái jiéshù tǎolùn. Tāmen kěnéng huì tōngguò ràng shuāngfāng yáotóu líkāi, zhǐ tóngyì bùtóngyì de fāngshì lái biǎodá zìjǐ de guāndiǎn; shuāngfāng dōu míngbái tāmen jīhū bù liǎojiě duìfāng, dàn yòu juéde cóng jiāoliú zhōng dédàole yīxiē qǐfā.

Zhèxiē fānyì chéng xīfāng yǔyán huì dài lái nányǐ bìmiǎn de piānjiàn, zhǔyào yǐngxiǎng shì shīqùle yuánwén de gàiniàn níngjùlì, dàn zhèxiē yùyán réngrán xīyǐnzhe xǔduō xīfāng zhéxué hàoqí xīn. Tāmen dédàole chénjìn zài yīgè dúlì de, jùyǒu kěbǐ xìng de gǔlǎo hé fēngfù de zhéxué chuántǒng zhōng de xīngfèn gǎn. Zhōngguó jìngnèi wài de dúzhě wú yī lìwài dì huáiyí "zhuāngzi" de xīyǐn rén de fēnggé zhōng zhùrùle zhéxué tiāncái, jíshǐ tāmen duì qí zhéxué de jiéguǒ yǒu bù tóng yìjiàn. Shìshí shàng,"zhuāngzi" de dà bùfèn zhéxué mèilì kěnéng láizì yú qí kàn shì gùyì de kāifàng shì jiégòu, qí duìhuà de jiěshì kěsùxìng, yāoqǐng, shènzhì kěnéng yāoqiú wǒmen jiārù zuòzhě de zhéxué sīkǎo.

Zhè zhǒng xīyǐn lì zhǐshì bùfèn yuán yú qí qíngjié de zhìliàng hé fùzá xìng; měi yīgè qíngjié dōu zhào liàngle yīpiàn zhéxué lǐngyù, yǐ yīgè wèntí jiéshù, gōng rén jìnyībù sīkǎo. Měi yīcì jiāoliú dōu chéngxiàn huò shuōmíngliǎo jùyǒu kāifàng xìng jiélùn de dòngchá lì suìpiàn----dōu dài yǒu zhuāngzi tànsuǒ bèi lùn de míngxiǎn lèqù-----tèbié shì xīyǐn xīfāng fēnxī xìng sīxiǎngjiā dì nà zhǒng yǔyán shàng de bèi lùn. Měi gèrén dōu biǎodále yīxiē zìrán de, dàn yěxǔ shì bùkě chùjí de, lìng yī zhǒng shēnghuó fāngshì.

Jīngcháng chūxiàn de shénmì jiélùn"dá'àn shì……"ràng jiěshì zhě zài jǐ gè shìjì hòu, xiàng lèi sǐ lèi huó de mǎ yīyàng zhēnglùn……rúhé chéngwéi dá'àn, huòzhě……shì shénme (lìrú,"zìyóu zìzài de yóudàng","zǒu liǎng tiáo lù","gāo jiǎo bēi dehuà","qīngchè", děng děng). Měi gèrén sìhū dōu hěn róngyì róngrù liǎng gè chuántǒng zhōng de sīxiǎngjiā suǒ shúxī de yī xìliè nántí zhōng. Rénmen huáiyí, wǒmen zhǐ néng tōngguò xiàng wéitè gēn sītǎn de cāngyíng yīyàng, cóng mǒu gè zhéxué píngzi lǐ cáinéng zhǎodào zhèngquè de jiěshì. Zǒng'éryánzhī zhèngquè de zhéxué yǔ zhuāngzi de zhèngquè jiěshì xiāng wěnhé.

Chuántǒng de zōngjiào zhuāngzi xùshì bǎ tā zuòwéi lǎozi de dìzǐ, tāmen rènwéi lǎozi shì yīgè shénmì zōngjiào de zhǔn shén de chuàngshǐ rén, chóngbài yīgè shénmì de shítǐ, fānyì zhě qīngxiàng yú bǎ tā zuòwéi yīgè míngquè de miáoshù xìng shùyǔ, dàn bǎ tā zuòwéi yīgè"dàdào". Jiānróng de zhéxué chǔlǐ fāngfǎ shì xíng'érshàngxué de yīyuánlùn, rènshílùn de zhíjué zhǔyì (tōngcháng shì míngquè de fǎn lǐxìng zhǔyì), zhèngzhì wú zhèngfǔ zhǔyì hé móhú de guīfàn xìng juéduì zhǔyì de bǎnběn. Dà bùfèn liúxíng de hé zōngjiào de chǔlǐ fāngfǎ réngrán zūnxún zhè yī jiěshì lùxiàn, jiāng lǎozi shì wéi "dàojiā shénmì sīxiǎng" huò "lǎo zhuāng" sīxiǎng de zuìzǎo céngcì, bìng jiāng zhuāngzi dìngwèi wéi qí "xiǎo gēnbān".

RELIGIOUS VIEW OF LIFE (宗教观)

1	迷信	Míxìn	Superstition; superstitious belief; blind faith; blind worship
2	秦朝	Qín cháo	Qin Dynasty (221-206 BC)
3	烧毁	Shāohuǐ	Burn down; burn up; consumption; burnout
4	压制	Yāzhì	Suppress; stifle; inhibit; repress
5	黑暗时代	Hēi'àn shídài	Dark ages
6	正统	Zhèngtǒng	Legitimism; orthodox
7	儒家	Rújiā	The Confucian school
8	汉朝	Hàn cháo	Han dynasty
9	世袭	Shìxí	Inherit; hereditary
10	司马	Sīmǎ	A surname
11	黄帝	Huángdì	Yellow Emperor, a legendary ruler
12	道家	Dàojiā	Taoist school; Taoists
13	法家	Fǎ jiā	Legalists
14	名家	Míngjiā	The School of Logicians; the Logicians
15	隶属于	Lìshǔ yú	Be subordinate to; be under the jurisdiction of command of; member of
16	在那里	Zài nàlǐ	There; over there; therein; where
17	个把	Gè bǎ	One or two
18	神灵	Shénlíng	Gods; deities; divinities
19	邪教	Xiéjiào	Heresy
20	神化	Shénhuà	Deify; be deified; apotheosis
21	实验者	Shíyàn zhě	Experimenter

22	根深蒂固	Gēnshēn dìgù	Ingrained; inveterate; become deeply ingrained in
23	被称为	Bèi chēng wèi	Known as; be known as; be called
24	上文	Shàng wén	Foregoing paragraphs or chapters; preceding part of the text
25	相互影响	Xiānghù yǐngxiǎng	Interplay; influence each other; interrelationship
26	有影响	Yǒu yǐngxiǎng	Count; weigh
27	大众	Dàzhòng	The masses; the people; the public; the broad masses of the people
28	看来	Kàn lái	It seems; it appears; look likely; most probably
29	道教	Dàojiào	Taoism
30	佛教	Fójiào	Buddhism
31	尤其是	Yóuqí shì	In particular; the more so; to crown all
32	借用	Jièyòng	Borrow; have the loan of; use something for another purpose
33	寺院	Sìyuàn	Temple; monastery
34	僧侣	Sēnglǚ	Monks and priests; clergy
35	尼姑	Nígū	Buddhist nun

Chinese (中文)

庄子的宗教观的故事始于庄子生活的一个世纪后（公元前4世纪）。在古典时期之后的迷信的秦朝（公元前221-206年），哲学学校被关闭，书籍被烧毁，思想被压制。这开启了中国的哲学 "黑暗时代"。随后是更加正统的儒家汉朝（公元前206年至220年）。汉朝皇帝的世袭太史令司马谈和司马迁（一对父子）在二十年间

（公元前 109-91 年）撰写了一部从神话中的黄帝（约公元前三千年）到汉朝的官方历史。正是在这一叙述中，首次出现了将思想家分为三个概念流派，即道家、法家和名家流派。格雷厄姆推测，关于庄子隶属于老子的假设可能源于《外篇》。在那里，庄子的学生用孔子的神话老师老聃或老子，在一连串的对话中嘲笑孔子。

在秦国，一个把黄帝和老子当作神灵来崇拜的黄老邪教已经发展起来。父子俩的历史学家都是黄老之师的学生。汉朝灭亡时，庄子作为半神化的老子的追随者/实验者的说法已经根深蒂固。汉以后的复兴，被称为新道家，始于对《老子》（王弼 226-249）和《庄子》（郭象 312 年，见上文）的编辑。新道教的讨论方式和思想在使佛教和中国思想相互影响方面很有影响，在大众看来，道教与佛教（尤其是中国的禅宗）已融为一体。道教的 "宗教"，借用了佛教的宗教机构模式（寺院、僧侣和尼姑）。

Pinyin (拼音)

Zhuāngzi de zōngjiào guān de gùshì shǐ yú zhuāng zǐ shēnghuó de yīgè shìjì hòu (gōngyuán qián 4 shìjì). Zài gǔdiǎn shíqí zhīhòu de míxìn de qín cháo (gōngyuán qián 221-206 nián), zhéxué xuéxiào bèi guānbì, shūjí bèi shāohuǐ, sīxiǎng bèi yāzhì. Zhè kāiqǐle zhōngguó de zhéxué"hēi'àn shídài". Suíhòu shì gèngjiā zhèngtǒng de rújiā hàn cháo (gōngyuán qián 206 nián zhì 220 nián). Hàn cháo huángdì de shìxí tàishǐ lìng sīmǎ tán hé sīmǎqiān (yī duì fùzǐ) zài èrshí niánjiān (gōngyuán qián 109-91 nián) zhuànxiěle yī bù cóng shénhuà zhōng de huángdì (yuē gōngyuán qián sānqiānnián) dào hàn cháo de guānfāng lìshǐ. Zhèng shì zài zhè yī xùshù zhōng, shǒucì chūxiànle jiāng sīxiǎngjiā fēn wéi sān gè gàiniàn liúpài, jí dàojiā, fǎ jiā hé míngjiā liúpài. Géléi è mǔ tuīcè, guānyú zhuāngzi lìshǔ yú lǎozi de jiǎshè kěnéng yuán yú "wài piān". Zài nàlǐ, zhuāngzi de xuéshēng yòng kǒngzǐ de shénhuà lǎoshī lǎo dān huò lǎozi, zài yīliánchuàn de duìhuà zhōng cháoxiào kǒngzǐ.

Zài qín guó, yīgè bǎ huángdì hé lǎozi dàng zuò shénlíng lái chóngbài de huáng lǎo xiéjiào yǐjīng fāzhǎn qǐlái. Fùzǐ liǎ de lìshǐ xué jiā dōu shì huáng lǎo zhī shī de xuéshēng. Hàn cháo mièwáng shí, zhuāng zǐ zuòwéi bàn shénhuà de lǎozi de zhuīsuí zhě/shíyàn zhě de shuōfǎ yǐjīng gēnshēndìgù. Hàn yǐhòu de fùxīng, bèi chēng wèi xīn dàojiā, shǐ yú duì "lǎozi"(wángbì 226-249) hé "zhuāngzi"(guō xiàng 312 nián, jiàn shàng wén) de biānjí. Xīn dàojiào de tǎolùn fāngshì hé sīxiǎng zài shǐ fójiào hé zhōngguó sīxiǎng xiānghù yǐngxiǎng fāngmiàn hěn yǒu yǐngxiǎng, zài dàzhòng kàn lái, dàojiào yǔ fójiào (yóuqí shì zhōngguó de chánzōng) yǐ róng wéi yītǐ. Dàojiào de"zōngjiào", jièyòngle fójiào de zōngjiào jīgòu móshì (sìyuàn, sēnglǚ hé nígū).

www.QuoraChinese.com

www.ingramcontent.com/pod-product-compliance
Lightning Source LLC
LaVergne TN
LVHW061959070526
838199LV00060B/4204